GAETANO DONIZETTI / LUCIA DI LAMMERMOOR

Opera completa per canto e pianoforte

Gaetano Donizetti

LUCIA DI LAMMERMOOR

Dramma tragico in due parti
di Salvatore Cammarano

Prima rappresentazione:
Napoli, Teatro S. Carlo, 26 Settembre 1835

A cura di Mario Parenti (1960)

RICORDI

Personaggi

Lord **ENRICO ASTHON**. *Baritono*

Miss **LUCIA**, sorella di lui. *Soprano*

Sir **EDGARDO DI RAVENSWOOD**. *Tenore*

Lord **ARTURO BUKLAW**. *Tenore*

RAIMONDO BIDEBENT, educatore e confidente di Lucia. *Basso*

ALISA, damigella di Lucia. *Mezzosoprano*

NORMANNO, capo degli armigeri di Ravenswood. *Tenore*

Dame e cavalieri, congiunti di Asthon, abitanti di Lammermoor, paggi, armigeri, domestici di Asthon.

L'avvenimento ha luogo in Iscozia, parte nel castello di Ravenswood, parte nella rovinata torre di Wolferag.

L'epoca rimonta al declinare del secolo XVI.

Indice

LUCIA DI LAMMERMOOR

DI
GAETANO DONIZETTI

PARTE PRIMA - La partenza

Atto Unico

PRELUDIO E CORO D'INTRODUZIONE

SCENA PRIMA. Giardino nel Castello di Ravenswood.

CASA RICORDI Editore, MILANO
Tutti i diritti riservati. - Tous droits réservés. - All rights reserved.
ISMN M-041-37008-8
ISMN M-040-41689-3 (in brossura)
PRINTED IN ITALY

41689

RISTAMPA 2000
IMPRIMÉ EN ITALIE

2 Allegro giusto

3

Splen - de - rà l'e - se - cra - bi - le ve - ro

Splen - de - rà l'e - se - cra - bi - le ve - ro

Splen - de - rà l'e - se - cra - bi - le ve - ro

co - me lam - po fra nu - bi d'orror,

co - me lam - po fra nu - bi d'orror,

co - me lam - po fra nu - bi d'orror,

splen - de - rà, splen - de - rà,

splen - de - rà, splen - de - rà,

splen - de - rà, sì,

N.

-nor, lo vuol l'o - nor.

(il Coro parte rapidamente)

-nor, lo vuol l'o - nor.

-nor, lo vuol l'o - nor.

p

dim.

calando

p

SCENA E CAVATINA

(ENRICO)

12

EN. quel morta — le ne — mi — co di mia pro —

EN. — sa — pia, dal — le sue ro — vi — ne er — ge la fronte bal — dan —

EN. — zo — sa e ri — de! So — lo u — na ma — no raf — fer — mar mi

EN. puote nel vacillante mio po — ter... Lu — ci — a o — sa respinger quella

EN. ma — no!.. Ah! suo — ra non m'è co — le — i!

41689

16

SCENA III.

Allegro giusto

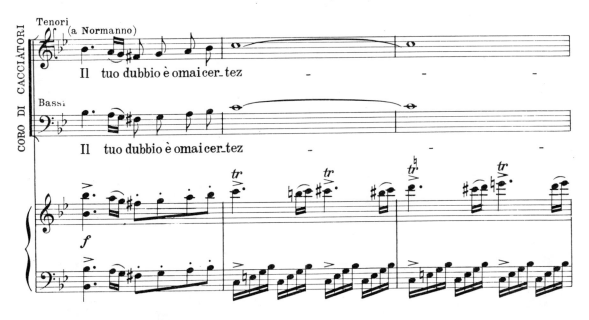

CORO DI CACCIATORI

Tenori
(a Normanno)

Il tuo dubbio è omai cer_tez

Bassi

Il tuo dubbio è omai cer_tez

NORMANNO
(ad Enrico)

O _ di tu?

ENRICO

Nar _ ra _ te.

_ za.

(Oh gior -

_ za.

(Oh gior -

Andantino

- no!)

- no!)

legato espressivo

p

f

Tenori

p legato

Co _ me vin _ ti da stanchez _ za, do _ po

Bassi

Co _ me vin _ ti da stanchez _ za, do _ po

14

p

p

lun _ go erra _ re in _ tor _ no, noi po _ sam _ mo del _ la tor _ re nel ve _

lun _ go erra _ re in _ tor _ no, noi po _ sam _ mo del _ la tor _ re nel ve _

-pel_la un fal_co_nie_ro ne ap_pren_de_va qual s'ap_pel_la.

-pel_la un fal_co_nie ro ne ap_pren_de_va qual s'ap_pel_la.

ENRICO

Allegro vivace

E quale?

E _ gli!...

Ed_gar _ _ do.

Ed_gar _ _ do.

Allegro vivace

fp

EN.

Oh rab _ bia, oh rab _ bia che m'ac_

fp

fp

EN.

_cen _ di, con _ te _ ner _ _ ti un

fp

fp

fp

17

Allegro moderato

ENRICO

La pieta _ de in suo fa _ vo _ re   mi ti sen _ si   in vanti

EN.

det _ ta...   semi par _ li di ven _ det _ ta   so _ lo in_

ENRICO

Ta _

que _ sta ca _ sa cir _ con _ dò! Ah qual nu _ be di ter _

può, no, no, ___ non ___ può. Ti raffrena, al

può, no, no, ___ non ___ può. Ti raffrena, al

EN. _ ce _ te, ta _ ce _ te. Ah!

_ ror, ah qual nu _ be di ter _ ror, sì, questa ca _ sa cir _ con _ dò! ah sì.

nuo _ vo, al nuo _ vo al _ bo _ re ei da te fuggir non può, no, no.

nuo _ vo, al nuo _ vo al _ bo _ re ei da te fuggir non può, no, no.

28

41689

41689

30

41689

EN. san - gue spe - gne - rò, sì, spe - gne -

R. ca - sa cir - con - dò, sì, cir - con -

-gir non può, no, no, non

-gir non può, no, no, non

EN. -rò, sì, spe - gne - rò, spe - gne - rò, spe - gne -

R. -dò, sì, cir - con - dò, cir - con - dò, cir - con -

può, no, no, non può, no, non può, no, non

può, no, no, non può, no, non può, no, non

f

(partono tutti)

EN. _rò, col san - gue spe - gne - rò.

R _dò, sì, que - sta ca - sa cir - con - dò!)

può, non può, no, no, no, non può.

può, non può, no, no, no, non può.

SCENA E CAVATINA
(LUCIA)

SCENA IV. Ingresso d'un parco. Nel fondo porta praticabile. Sul davanti una fontana.
Lucia viene dal castello seguita da Alisa: sono entrambe nella massima agitazione. Ella si volge d'intor‗
no, come in cerca di qualcuno; ma osservando la fontana, ritorce àltrove lo sguardo.

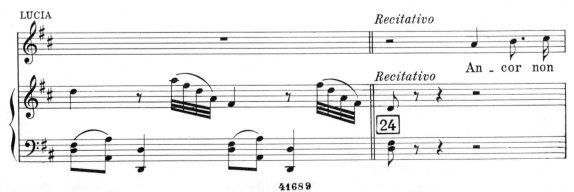

LUCIA

Recitativo

Recitativo

An _ cor non

24

(coprendosi il viso colle mani)

26

a tempo

l'ombra mostrarsi, l'ombra mostrarsi a me, ah!

Qual di chi par _ la, muo _ ver _ si il labbro su_o ve-

_ de _ a. e con la ma _ no e_sa _ nime

affrettando un poco

chiamarmi a se _ pa _ re _ a; stette un momen _ to im_

cresc.

I. Tempo

_mo _ bi le, poi rat _ ta di le _ guò

I. Tempo

27

41689

40

L. e l'on da pria si lim pi da di san gue ros seg -

L. - giò, sì, pria sì lim pi da di san gue ros seg giò, sì, pria sì

L. limpi da ah _ _ _ _ i! ros seg giò,

Allegro

28

ALISA

Chia ri oh Di o! ben

A. chia ri e tri sti

41689

AL. nel____ tu _ o dir presa _ gi _ in _

AL. _ten _ do! Ah! Lu _ ci _ a, Lu _ ci _ a, de _

AL. _ si _ sti da un a _ mor co _ sì tre _ men _ _ _

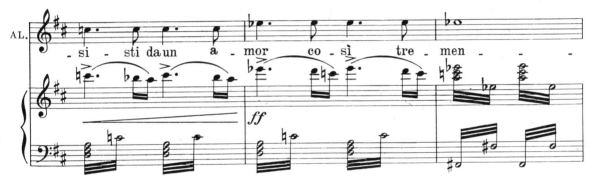

LUCIA E_gli è lu _ ce a gior _ ni mie _ i, è____ con _

AL. _do... a piacere

L. _for _ to, è confor _ to al____ mi _ o, al mi _ o pe _

col canto

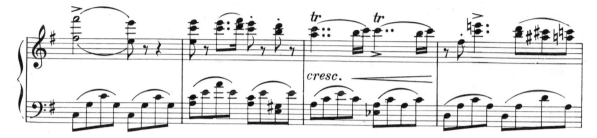

in e _ stasi del più cocen_te ar_

_do _ re, col fa_vellar del co _ re___

mi giu _ ra e_ter_na fè, gli af_fan_ni miei di _

_men _ ti_co, gioja divie_ne il pian_ _ _ to...

ALISA
Ah! gior _ ni d'ama _ ro pian _ to

AL.
ah! s'ap_pre_sta_no per

rinforz.

AL.
te, sì, sì, gior _ ni d'ama _ ro pian _ to s'ap _

f

AL.
_pre _ sta_no per te, per te, per

f

LUCIA
Ah!_____

AL.
te. Ah! Lu _ ci_a! ah de _ si _ sti.

p rall.

41689

Quando rapi_to in e_stasi del più cocente ar_
_do_re, col fa_vellar del co_re
mi giu_ra e_ter_na fè, gli af_fan_ni miei di_
_men_ti_co, gioja divie_ne il pian_to
par_mi che a lui d'ac_can_to si

si___ schiuda il ciel, il

ciel per me, a lui___ d'ac - can - -

- to si schiuda_____ il ciel_____ per_____

me ah!_____ si___ schiuda il

SCENA E DUETTO - FINALE I.

(LUCIA - EDGARDO)

LUCIA

ED.

Che di_ci!...

_rò. Pe'franchi li_di a_mi_ci sciol_go le ve_le: i _vi trattar m'è

L. E me nel pian_to abbando _ ni co_

ED. da_to le sor_ti del _lā Scozia.

L. _sì?

ED. Pria di lasciarti A_sthon mi vegga... io stenderò pla_ca_to a lui la

fp

f

L. Che a_

ED. de_stra, e la tua de_stra pe_gno fra noi di pa_ce, chie_de_

fp p

f

52

Larghetto

ED. Sul _ la tom_ba che rin_ser_ra il tra_di _ to ge _ ni_

Larghetto

pp

LUCIA

(strido)

Ah! *dolce*

cresc.

ED. _to_re al tuo sangue eter_na guerra io giu_rai nel mio fu _ rore: ma ti

p

cresc.

ED. vi_di, e in cor mi nac_que altro af_fet_to e l'i_ra tac_que; pur quel

cresc.

rall.

3

ED. vo_to non è in_fran_to... io po_trei si, sì, sì, sì, po_trei compir _ lo an_

p

rall.

41689

LUCIA (con affetto)

Deh! ti _ pla _ ca, deh! ti pla _ ca, deh! ti frè _ na...

ED.

_ cor!   Ah Lu_

40

può   tra _ dir _ ne,   può tra dir _ ne, un so _ lo accen _ to!   Non ti

ED.

_ ci _ a!

ba _ sta la mia pe _ na? vuoi ch'io mo _ ra di spa_ven_to?_

ED.

Ah!   no, no, no,

cresc.

Allegro vivace

(con subita risoluzione)

ED. Qui di
spo_sa e_ter_na fe_de qui mi giu_ra al cie_lo in_nan_te.

Dio ci a_scol_ta, Dio ci ve_de; tem_pio ed

a_ra è un co_re a_man_te: al tuo

L. a' miei vo _ ti in _ vo _ co il cie _ lo, in _

ED. ciel, a' miei vo _ ti in _ vo _ co il ciel, in _

L. _ vo _ co il cie _ lo, in _ vo _ co il ciel.

ED. _ vo _ co il ciel, in _ vo _ co il ciel.

44

L. Oh pa _

ED. Se _ pa _ rar _ ci omai con _ vie _ ne.

L. _ ro _ la a me fu _ ne _ sta!

64

41689

LUCIA
a piacere
Ah! ta - lor del tuo pen - sie - ro ven - ga un
col canto
p
fo - glio mes - sag - ge - ro, e la vi - ta fug - gi -
L.
- ti - va di spe - ran - ze nu - dri - rò.
EDGARDO
Io di te me - mo - ria
Ah! Ver -
ED.
vi - va sem - pre, o ca - ra, ser - be - rò.

Più Allegro

L. Il tuo scrit_to sem_pre vi_va la me_

ED. _lor. Ca _ _ ra!

Più Allegro

48 *f*

L. _mo _ ria in me ter _ rà.

ED. Sì, sì, Lu _ ci _ a, sì, sì.

rall. **I. Tempo**

p

L. Ah! _____ Ver_ran _ no a me sul_l'au_ _

ED. Ah! _____ Ver_ran_ no a te sul_l'au_ _

rall. *p legato* **I. Tempo**

49

L. _re i tuoi so_spi_ri ar_den _ ti, u_drò nel mar che

ED. _re i miei so_spi_ri ar_den _ ti, u_drai nel mar che

fp

L. mor_mo_ra___ l'e_co de' tuo_i la_men _ ti... Pen_san_do

ED. mor_mo_ra___ l'e_co de' mie_i la_men _ ti.

rinf.

L. che di ge_mi_ti mi pa_sco e di do_lor___

spar - gi su que - sto pe - gno al - lor, ah! ___

EDGARDO

Spar gi un'a ma - ra la - gri - ma su que - sto pe - gno al lor ah! ___

50

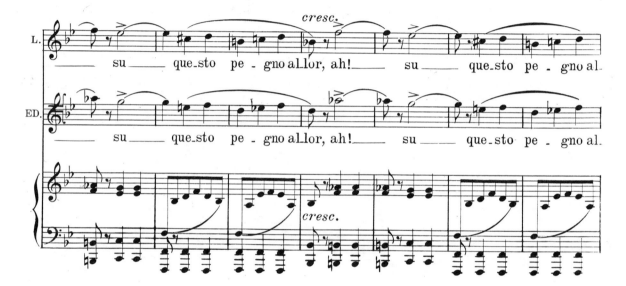

su ___ que - sto pe - gno al - lor, ah! ___ su ___ que - sto pe - gno al -

su ___ que - sto pe - gno al - lor, ah! ___ su ___ que - sto pe - gno al -

- lor ___ ah! ___ que - sto pe - - gno al -

- lor ___ ah! ___ que - sto pe - - gno al -

Più allegro

-lor, sì, sì, al _ lor, sì, sì,

-lor, sì, sì, al _ lor, sì, sì,

51 Più allegro

_ff_

al _ lor.   Ad _

al _ lor.   Io   par _ _ to...

_ di _ _ _ o...

rall.non tanto

Ram_men_ta_ti, ne strin_

col canto

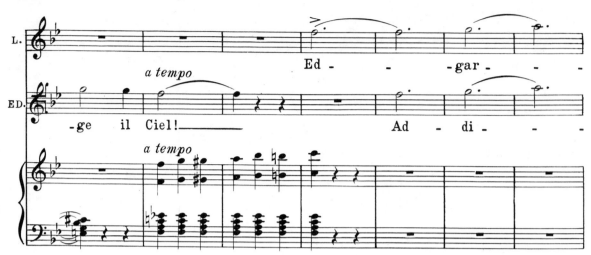

L. Ed - - - gar -

ED. -ge il Ciel!_____ Ad - di -

a tempo

a tempo

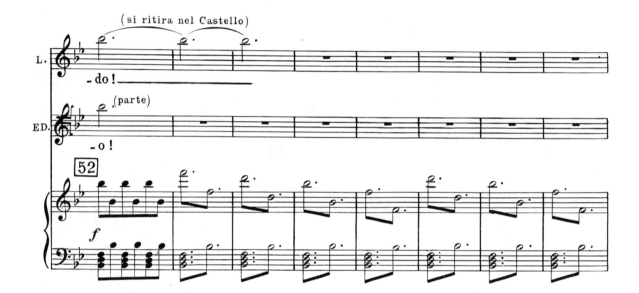

(si ritira nel Castello)

L. -do!_____

ED. (parte)
-o!

52

Fine della Parte prima

PARTE SECONDA - Il contratto nuziale
Atto Primo

SCENA

SCENA I. Appartamenti di Lord Asthon.

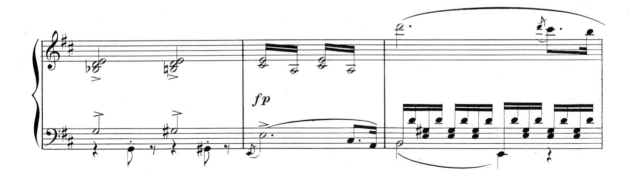

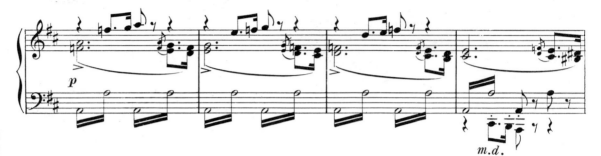

NORMANNO *Recitativo*

Luci_a   fra poco a te ver_ rà.

ENRICO   (seduto presso un tavolino)

Tremante l'as_petto.

EN.

A festeggiar le nozze il_

EN. _lustri, già nel castello i no_bi_li parenti giunser di mia fami_glia; in

(sorgendo agitatissimo)

EN. breve Ar_tu_ro qui vol_ge... E s'el_la per_ti_na_ce o_

NORMANNO

Non te_mer: la lunga assen_za del tuo ne_

EN. _sas_se d'oppor_si?..

N. _mi_co, i fo_gli da noi ra_pi_ti, e la bu_giar_da

N. nuo_va ch'egli s'ac_ce_se d'al_tra fiam_ma, in co_re di Lu_

41689

DUETTO
LUCIA-ENRICO

SCENA II. Entra Lucia e si arresta presso la soglia.

Moderato

LUCIA

Il pal_lor fune_sto or_ren_do che ri_copre il vol_to

mi _ _ o ti rim_

-pro _ vera ta-cen _ do il mio

stra _ zio, il mio do _ lo _ re.

Per __ do __ na __ re ti pos __ sa Id __

_di _ o l'i _ nu _ ma _ no tu _ o ri _

_gor, perdo _ nar ti pos _ sa Id _ di _ o ah, ___ l'inu _

_ma _ no tuo ri _ gor _____

L. l'i_nu_ma _ _ no tuo ri

L. -gor, il tuo ri gor, il tuo ri

L. -gor e il mi o do _ _ ri

L. -lor.

ENRICO

A ra

Moderato

EN. -gion mi fe' spie_ta _ to quel che t'arse inde_gno af_fet _ to;

Moderato

9 Larghetto

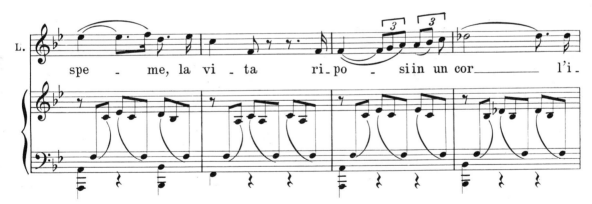

LUCIA

p legato

Sof_fri _ va nel pian_to... lan_gui _ aneldo_lo_re... la

L.

spe _ me, la vi _ ta ri_po _ si in un cor_____ l'i_

L.

affrett. e cresc. di forza

_stan _ te di mor_te è giun_to per me!_____

affrett. e cresc. di forza

rall.

col canto

86

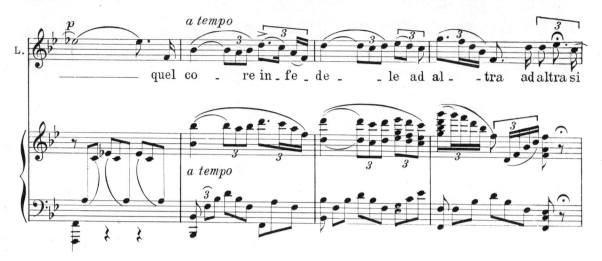

41689

L. Ahi _ mè! L'i _ stan_te tre_

EN. _cè_____ quel core infe_de _ le ad altra si diè. Un fol_le t'ac_

L. _men _ do è giunto per_me,___si, quel core infe_de _ le ad al_tra si

EN. _ce _ se un per_fi_do a_mo _ re: tra_di_sti il tuo san _ gue per vil se_dut_

L. die _ de, quel core infe_de _ _ le ad al_tra si diè, quel co_ _

EN. _to _ re... ma de_gna del cie _ _ lo ne avesti mer_cè: quel co_ _

88

41689

Vivace
(si odono echeggiare da lontano festivi suoni)

Che

11 Vivace

fi_a!...

ENRICO

Suo_nar di giu_bi_lo sen_ti la

Eb_bene?

EN.

ri_va? Giun_ge il tuo spo_so.

Un bri_vi_do mi cor_se per le

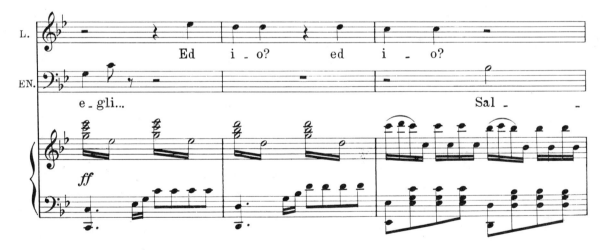

Poco meno

EN. tu la scu — reap_pre_sti a me... Ne' tuoi so _ gni

EN. mi _ ve _ dra_i om _ brai_ra _ ta e mi _ nac _ ciosa:

I. Tempo

EN. quel _ la scu _ re san _ gui_no _ sa sta _ rà sempre in_

14

EN. _nan _ zi a te, sta _ rà sem_pre, sta _ rà sem _ pre in_nan _ zi a

EN. te, sta _ rà sem_pre, sem_pre, sem _ _ pre in _ nan _ zi a

LUCIA

(volgendo gli occhi al cielo gonfi di lagrime)

Tu che ve_di il pian_to mi_o... tu che leg_gi in

EN. te!

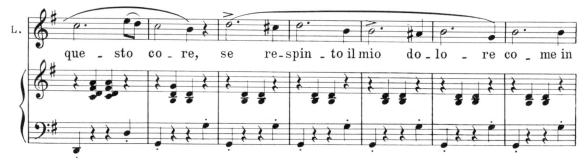

que_sto co_re, se re_spin_to il mio do_lo_re co_me in

terra, in ciel___ non è; tu mi to_glie ter_no Id_di_o,

que_sta vi_ta di_spe_ra_ta... io son tan_to sven_tu_

_ra_ta, che la mor_te è un ben per me, sì, la mor_te, sì, la

mor - te è un ben per me, sì, la mor - te, sì, la

mor - te è un ben per me.

ENRICO

A

te s'ap-pre-sta il ta-lamo.

Ah! la tom - ba!

Sal-

Ho su-gli oc - chi un vel!

-var - mi de - vi.

Ah!

EN. **18** Se tra_dir_mi tu po_tra_i, la mia sor_te è

EN. già com_pi_ta... tu m'in_vo_li_o_no_re e vi_ta,

LUCIA

Poco meno

Ah mi to_gli,e _

EN. tu la scu _ re ap_pre_sti a me...

Poco meno

19

L. _ter_no Id _ di _ o, que _ sta vi_ta di_spe_ra_ta...

EN. Mi ve_drai om_bra i _ ra_ta...

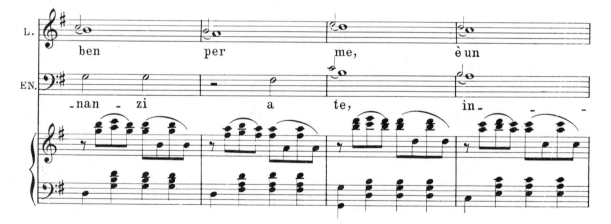

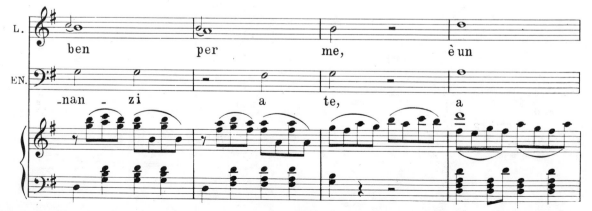

L. ben, è un ben, è un

EN. te, a te, a

(si abbandona su d'una seggiola)

L. ben per me.

(parte affrettatamente)

EN. te, a te.

21

cresc.

SCENA ED ARIA
(RAIMONDO)

suolo, all'uom che amar giu _ rasti, non giungesser tue nuo_ve: io stesso un

fo _ glio da te verga _ to, per secu_ra ma_no recar gli fe_ci...

in_va_no! Ta _ ce mai sempre... Quel si_lenzio as_sai d'infedeltà ti

LUCIA

E me con _ si gli?.. E il giura_mento?..

par _ la! Di piegarti al desti _ no. Tu pur va_

_neggi! I nuzia_li vo_ti che il mi_nistro di Di_o non be_ne _ di_ce, nè il ciel, nè il

vra stan,ti sovra_stano, infe_li _ ce... Per le te _ nere mie

cu _ re, per l'e_stin _ ta ge _ ni_tri _ ce, il pe_

_ri _ glio, il pe_ri _ glio d'un fra_tel _ lo, il pe_ri_glio d'un fra_

_tel _ lo deh ti mova, e cangi il cor... O la ma_dre, o la ma_dre, nel _ l'a_

_vel _ lo_____ fre _ me_rà_____ fre _ merà per te d'or_ror. Ah! ce _ di,

104

41689

tan _ _ to sna _ _ tu _ ra _ ta.

Oh! qual gio _ ja

in me tu de _ sti! oh qualnu _ be haidis _ si _

24

_ pa _ ta!.. ah!

Qual gio _ _ ja!

LUCIA

Più allegro

cresc.

Gui _ dami tu, tu reg _ gi _ mi... son fuo _ ri di me

R. _ prà.　　Sì,　　fi _ glia,

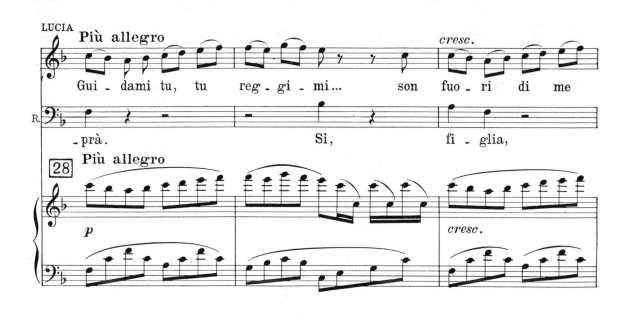

28 **Più allegro**

p

cresc.

L. stes _ sa!.. Lun _ go, cru _ del sup _ pli _ zio la

R. co _ rag _ gio!　　Qual nube hai disgom _

f

L. vi _ ta a me sa _ rà...　　　　sì,

R. _ bra _ ta!　　Oh fi _ glia mia, co _ rag _ gio!

cresc.

30 Of - fri, Lucia, te stes _ _ sa, e tan - to sa - cri -

LUCIA

Ah!

fi _ zio scrit _ to nel ciel sa _ rà.

Oh Di _ o!

Se la pie _ tà de _ gli uo _ mi _ ni a te non fia con -

Son fuor di me. In - gra - to!

_ ces _ _ sa, v'è un Di _ o, v'è un Dio che ter _ gere il

112

Più allegro

LUCIA

Gui _ dami... vince _ _ sti...

_ prà, ah sì sa _ _ prà, il pian _ to

Ah! ah! ah!

tuo sa _ _ prà.

41689

FINALE II - CORO E CAVATINA

(ARTURO)

SCENA IV. Sala preparata pel ricevimento di Arturo. Nel fondo porta praticabile.

Mod.^{to} mosso

114

41689

qui l'a_mi_stà ti gui_____da, qui ti condu_ce a_

_mo_____re, tut_to s'avvi_va in_tor_____no,

qui ti con_du____ce a_mor, qual

astro in not te in fi da, qual ri so nel do

astro in not te in fi da, qual ri so nel do

astro in not te in fi da, qual ri so nel do

lor; qual astro in not te in fi da, qual

lor; qual astro in not te in fi da, qual

lor; qual astro in not te in fi da, qual

ARTURO

Per

ri so nel do lor.

ri so nel do lor.

ri so nel do lor.

Poco meno

33 Poco meno

po - - co fra le te - ne - bre spa - rì la vo - stra

stel - - la: io la farò ri sor - gere più

ful - gi - da, più bel - - la. La man mi porgi, En -

- ri - co, ti strin - - gi a questo cor, a te ne

ven - - go a mi - - co, fra tel lo e di fen -

34

I. Tempo

qui l'a_mistà ti gui _ da, qui ti condu _ ce a_

_mo _ re, tut_to s'avvi_va in tor _ no,

qui ti con_du _ ce a _ mor, qual

A.
-sor, di - fen - sor, di - fen - sor, fra - tel - lo e
-sor, di - fen - sor, di - fen - sor, e
-sor, di - fen - sor, di - fen - sor, fra - tel - lo e
-sor, di - fen - sor, di - fen - sor, fra - tel - lo e
sf
sf
A.
di - - - fen - - - sor, a te ne
di - - - fen - - - sor, e di - fen -
di - - - fen - - - sor, e di - fen -
di - - - fen - - - sor, e di - fen -
3

ven _ go di _ fen _ sor.

_ sor e di _ fen _ sor.

_ sor e di _ fen _ sor.

_ sor e di _ fen _ sor.

FINALE II.– SCENA E QUARTETTO

(LUCIA, EDGARGO, ENRICO, RAIMONDO)

ARTURO: **Maestoso** **Mosso**
Dov'è Lu ci - a?

ENRICO: Qui giungere or la ve-drem...

Moderato

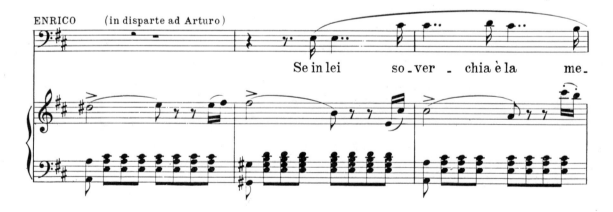

ENRICO (in disparte ad Arturo)
Se in lei so_ver_chia è la me_

EN.
sti zia, Ma ra_vi_gliar_ti no, no, non

LUCIA

(Gran Di _ o!)

(Si accosta al tavolino e firma il contratto. Raimon_
do ed Alisa conducono la tremante Lucia verso il tavolino.)

AR.

Oh dol _ ce in _

EN.

_mai si com _ pia il ri _ to.   T'ap _ pressa.

L.

Io va _ do   al   sa _ cri_fi _ _ _

AR.

_vi_to!

(piano a Lucia scagliandole tremende occhiate)

EN.

Non e _ si _

RAIMONDO

Reg _ gi   buon Dio   l'af_flit _ _ _

calando

L.

_zio!..   me mi _ sera!

(Lucia segna l'atto)

EN.

_tar.   Scri _ vi,   scri _ vi.

R.

_ta.

(La

calando

130

41689

132

41689

142

41689

144

L. _so_____ m'ab_ban_do _ na il pianto an_cor, il

AL. ha di ti_gre in pet_to il cor ah!

ED. _gra _ ta, t'a _ mo an _ cor, t'a _ mo an _

AR. pet_to il cor, ha di ti_gre in pet_to il

EN. _mor _ si del mio cor, non

R. cor, il cor, sì, di

in pet _ _ to il cor, in

in pet _ _ to il cor, in

in pet _ _ to il cor, in

SEGUITO E STRETTA DEL FINALE II.

pa _ ce... e _ gli ab bor ri _ sce

l'o _ mi ci _ da, e scrit _ to sta:

Chi di fer _ ro al trui fe _ _ _

_ ri _ sce, pur di fer _ ro pe _ ri _ _

(tutti ripongono le spade)

_ rà. Pa _ ce, pa _ ce.

I. Tempo *(Moderato)*

ENRICO *(avanzandosi verso Edgardo)*

Sconsi_glia_to! in que_ste

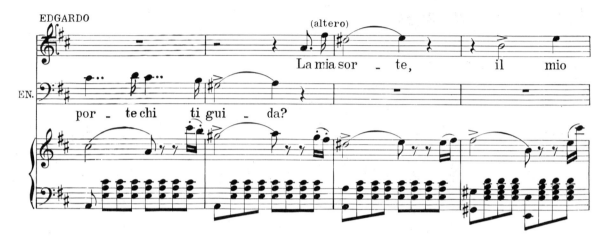

EDGARDO *(altero)*

La mia sor_te, il mio

EN. por_te chi ti gui_da?

ED. dritto. Sì; Lu_ci_a la sua fe_de a me giu_

EN. Sciagurato!

ED. _rò.

RAIMONDO *(frapponendosi)*

Ah que_sto a_mor fune_sto obbli_a: el_la è

Più mosso

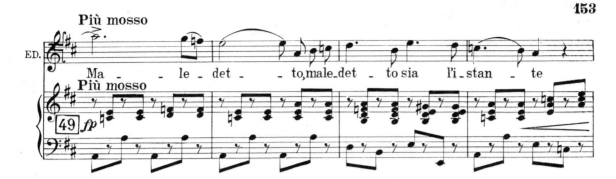

ED. Ma _ le _ det _ _ to, male _ det _ to sia l'i _ stan _ te

ED. che di te_____ si che di te mi re se a _ man _ te, stirpe i

ED. _ ni _ _ qua, abbo _ mi _ na _ ta, io do _ ve _ a _ da te fug _

ED. _ gir, ab _ bo _ mi _ na _ ta, ma _ le _ det _ ta, io do _ ve _ a da te fug _

LUCIA
Ah!_____

ED. _ gir... Ah! ma di Dio la ma _ no i _ ra _ ta vi di _

154

41689

AR.
EN.
R.
ma fra po co più atro ce, più fie ro
ma fra po co più atro ce, più fie ro
vi vi e for se il tuo duo lo fia spen to:
ma fra po co più atro ce, più fie ro
ma fra po co più atro ce, più fie ro
sul tuo ca po abbor-ri to ca-drà,
sul tuo ca po abbor-ri to ca-drà,
tut to è lie ve all'eter na pie-tà
sul tuo ca po abbor-ri to ca-drà,
sul tuo ca po abbor-ri to ca-drà,

che ___ sul lab _ bro spi _ ran _ do mi sta, è ___ l'e _

t'in _ vo _ la, t'af _ fret _ ta!

al _ _ l'al _ ta _ re più lie _ ta ne an _ drà, cal _ pe _

Va, col

va, va, la

il tuo duo _ lo fi _ a spen _ to, tut _ to è

Va, col

Va, col

L. _stre _ ma do_man _ da d'un co _ _ re che___ spi_ran _ do sul

AL.

ED. _stan _ do l'e _ san _ gue mia spo _ _ glia al _ _ l'al_ta _ re più

AR. san _ _ gue tuo la _ va _

EN. mac _ _ chia___ d'ol_trag _ _ gio___ sì, ne _ _

R. lie _ ve, tut _ to è lie _ ve al _ l'e _ ter _ na

san _ _ gue tuo la _ va _

san _ _ gue tuo la _ va _

41689

164

41689

41689

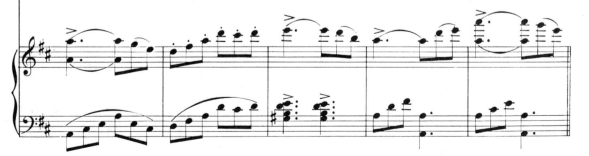

L.
lab - - - bro mi sta, sul
AL.
gio - - je ap - pre - sta - - te non ha, ap - pre-
ED.
lie - - - ta ne an - drà, più
AR.
san - - gue la - va - - ta sa - rà, la - -
EN.
san - - gue la - va - - ta sa - rà, la - -
R.
-sta - - - te non ha, ap - pre-
ap - - pre - - sta - - te non ha, ap - pre-
san - - gue la - va - - ta sa - rà, la - -
san - - gue la - va - - ta sa - rà, la - -

L.

AL.

ED.

AR.

EN.

R.

Fine dell'Atto I.

PARTE SECONDA
Atto Secondo

URAGANO, SCENA E DUETTO
(EDGARDO-ENRICO)

SCENA PRIMA. Salone terreno nella torre di Wolferag, adiacente al vestibolo. Una tavola spoglia d'ogni or‿namento ed un vecchio seggiolone ne formano tutto l'arredo. In fondo porta praticabile ed un finestrone a‿perto. È notte, si sente il temporale. Edgardo è seduto presso la tavola, immerso ne' suoi melanconici pen‿sieri: dopo qualche istante si scuote e guarda a traverso della finestra.

ED. _vre _ sti pal _ pi _ tar, co_me un uom che _ vi _ vo_

affrett. un poco

affrett.

ED. scen _ _ da la sua tom _ _ ba ad al_bergar, nel varcar la soglia or_

a tempo *trattenuto*

ff a tempo *p* *trattenuto col canto*

ED. _renda, nel varcar la soglia orrenda ben dovresti palpi_tar,come un uom che vi_vo

f *cresc.*

ED. scenda, come un uom che vi_vo scenda la sua tomba ad alber_gar, ad al_ber_

affrett.

affrett.

ED. _gar, ad al_ber_gar, la sua tomba, la sua tom _ _ ba ad al _ _ ber_

cresc. *ff*

41689

EN. tras _ si, in mez _ zo ai ven _ ti la sua vo _ ce u _ dia tut_

EN. _tor _____ e il fu _ ror _____ de _ gli e _ le _

affrett.

affrett.

EN. _men _ _ti risponde_ _va al mio fu _ ror, il furor de_gli e_le

a tempo

tratt. e rall.

ff a tempo

col canto p

EN. _men _ ti, il fu _ ror de_gli e_le _ men _ ti ri _ spon_de_va al mio fu _

41689

ED. l'i_ra è tre_men_da che m'ar_de nel co _ re. O

EN. l'i _ ra è tre_men_da che m'ar_de nel co _ re. O

ED. so _ le più rat_to ri _ sor_gi e ri _ schiara d'uno _ dio mor_

EN. so _ le più rat_to ri _ sor_gi e ri _ schiara d'un

ED. _ta _ _ _ _le il cie _ co, il cie_co fu_

EN. o _ dio mor_ta _ le il cie _ co, il cie_co fu_

ED. _ror, d'un cie _ co fu_ror, d'un cie _ co fu_ror, d'un cie _ co fu_

EN. _ror, d'un cie _ co fu_ror, d'un cie _ co fu_ror, d'un cie _ co fu_

(partono)

ED. _ror.

EN. _ror.

CORO

SCENA III. Sala come nell'Atto primo. Dalle sale contigue si ascolta la musica di liete danze. Il fondo della scena è ingombro di abitanti del Castello di Lammermoor. Sopraggiungono Cavalieri che s'uniscono in croc_ chio.

Allegro vivace

208

41689

che più fe _ li _ ci ne ren _ de l'au _ ra d'al _ to fa _

Soprani

d'al _ to fa _ vor, d'al _ to fa _ vor, e av _ ver ta i perfi _ di no _ stri ne _

Tenori

d'al _ to fa _ vor, d'al _ to fa _ vor, e av _ ver ta i perfi _ di no _ stri ne _

Bassi

_ vor, d'al _ to fa _ vor, d'al _ to fa _ vor, e av _ ver ta i perfi _ di no _ stri ne _

17

cresc.

_ mi _ ci che a noi sor _ ri _ dono le stel _ le an _ cor, av _ ver _ ta i

cresc.

_ mi _ ci che a noi sor _ ri _ dono le stel _ le an _ cor, av _ ver _ ta i

cresc.

_ mi _ ci che a noi sor _ ri _ dono le stel _ le an _ cor, av _ ver _ ta i

cresc.

GRAN SCENA CON CORI
(RAIMONDO)

(accenna con mano che tutti lo circondino)

Larghetto

Dal_le stan_ze ove Lu_ci_a trattaa_

19

Larghetto

p

p

_vea col suo consor_te, un la_men_to... ungri_dou_

_sci_a, co_med'uom vici_no a mor_te! Cor_si

rat_to in quelle mu_ra...ahi!ter_ri_bile scia_

fp *fp*

214

41689

SCENA ED ARIA
(LUCIA)

SCENA V. (Lucia è in succinta e bianca veste: ha le chiome scarmigliate ed il volto coperto da uno squal-
lore di morte. È delirante.)

224

41689

Allegro

L. -li - ce!

[29] Oh gio_ja che si sen_te, oh gioja

che si___ sen_te e non si di_ _ _ _

Maestoso

L. _ _ _ _ _ ce!

Maestoso

Larghetto

L. Ardon gl'in _ cen_si... splendon le sacre

Larghetto

[30]

faci, splendon in _ tor _ no. Ecco il mi _ ni _ stro!

por _ gimi la de _ stra, Oh lie _ _ to gior _ no! oh _____ lie _ to!

a piacere

col canto

a tempo

Al _ fin son tu _ a, al _ fin sei mi _ o, a me ti

p a tempo

do _ _ na, a me ti ___ do _ na _ un Di _ o.

L.
ri - sola vi - taano - i, a noi sa - rà, la
L.
vi - ta a noi sa-rà, a no - i
L.
sa - - rà, sa - rà.
NORMANNO
Pie - tà.
RAIMONDO
Pie - tà.
Ten.
Pie - tà.
CORO
Bassi
Pie - tà.
p

41689

L. mi _ se _ ra!

R. bar _ ba_ro, tu dei per la sua vi _ ta.

Meno

L. Non mi guardar sì fie _ ro... se_gnai quel foglio, è ve _ ro,

Meno

L. sì, sì, sì, è ve _ ro... Nell'i _ra sua ter_

(in visione)

L. _ri _ bi_le calpesta, oh Dio, l'a_nel_lo!.. mi male_di_ce!.. Ah!

41689

LUCIA

Spar_gi d'a_ma_ro pian_ _to il mio ter_re_stre ve_ _lo, men_tre las_

sù nel cie _lo io preghe_rò, pre_ghe_rò, per te...

242

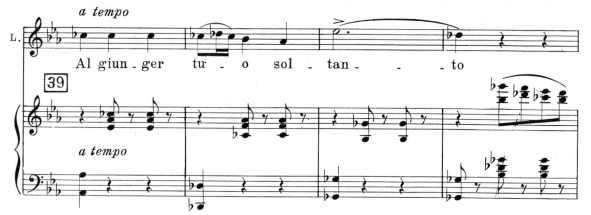

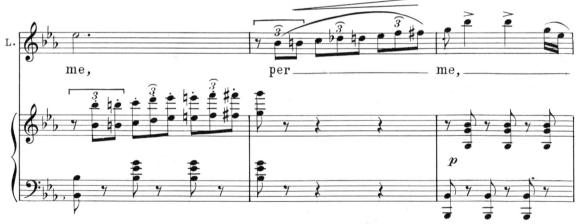

246

41689

me. Fia bel _ lo il ciel, il _____ ciel per _ me, ah sì, ah

sì, per me, per me _____

sì, per _____ me,

per _____ me _____ per _____

SCENA

ENRICO

(a Raimondo)

Si tragga al tro ve. A li sa... uom del Signor. deh!

Recitativo

(Alisa e le Dame conducono altrove Lucia)

EN.

(parte nella massima costernazione)

vo i la mise ra ve gliate... Io più me stesso in me non trovo!...

NORMANNO

Che parli!

RAIMONDO (a Normanno)

De la tor! gio i sci dell'o pra tu a. Sì, dell'in

R.

_cen dio che di vampa e strugge que sta ca sa in fe li ce, hai tu de

254

41689

ARIA FINALE
(EDGARDO)

SCENA VII.   Parte esterna del Castello di Wolferag con porta praticabile: si scorge un appartamento illuminato.Tombe dei Ravenswood.È notte.

EDGARDO

Tom_be degli a_vi mie_i, l'ul_timo a_van_zo d'una stirpe infe_

Recitativo

45

ED. _li_ce deh! raccogliete vo_i.   Cessò del_

a tempo

ff   p   Recitativo

ED. _l'i_ra il bre_ve fo_co... sul nemico ac_cia_ro ab_bando_nar mi

Per me la vi_ta è or_ren_do

pe_so!.. l'u_ni_ver_ _soin_te_ _ro è un de_

ser _to per me sen_za Lu_

_ci_a!.. Di fa_ci tut_ta_vi_a splende il ca_

ED. Questo dì che sta sor_gen_do tramon_tar più non ve_

ge _ me...

ge _ me...

ED. _drà la mia Lu_ci _ a?...

Di ra_gion la trasse a_mo_re, per te, sì, sì, per

Di ra_gion la trasse a_mo_re, per te, sì, sì, per

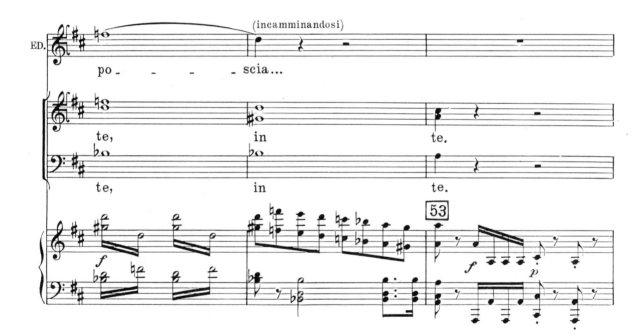

SCENA ULTIMA

R.

El_la in ter_ _ra più non è.

EDGARDO

Lu _ ci _ a!

R.

Sven_ _ tu _ ra _ to!

ED.

a piacere

In ter _ ra più non è?... el_la

ED.

dunque?... Lu _ ci _ a più non

RAIMONDO

È in cie _ lo.

è!...

Sventu_ra_to!   Sventu_rato!

Sventu_ra_to!   Sventu_rato!

EDGARDO (scuotendosi)

55 a tempo

Tu che a Dio spie _ ga _ sti l'a _ li, o bel _

_ l'alma in _ na _ mo _ ra _ ta, ti ri _ vol _ gi a me pla _

Opp. rall.

_ scen _ da, te _ co a _ scen _ da il tuo fe _

_ ca _ ta, te _ co a _ scenda, te _ co ascenda il tuo fe _ del. Ah! se

rall. col canto

a tempo

l'i _ ra dei mor _ ta _ li fe _ ce a noi sì cru _ da

FINE

OPERE ORATORI CANTATE

spartiti per canto e pianoforte

ALFANO — Cyrano di Bergerac
Risurrezione
Sakùntala

ARRIEUX — Cadet Roussel

BACH — Oratorio di Natale
La Passione di N. S. Gesù Cristo
  secondo S. Giovanni
La Passione di N. S. Gesù Cristo
  secondo S. Matteo

BANFIELD — Alissa
Colloquio col tango
Una lettera d'amore di Lord Byron

BELLINI — Beatrice di Tenda
I Capuleti e i Montecchi
Norma
Il Pirata
I Puritani
La Sonnambula
La Straniera

BOITO — Mefistofele
Nerone

CALTABIANO — La Figlia di Jefte

CANTÙ — Immacolata. Oratorio

CARISSIMI — Jephte

CASTELNUOVO-TEDESCO — Il Mercante di Venezia

CASTRO — Proserpina e lo straniero

CATALANI — La Wally

CATTOZZO — I Misteri dolorosi
I Misteri gaudiosi

CHAILLY — Una Domanda di matrimonio
Era proibito
Il Mantello
Procedura penale

CHERUBINI — Medea

CIMAROSA — Le Astuzie femminili
Il Maestro di cappella
Il Matrimonio segreto

CLAUSETTI — San Giuvanni Latterano

CORTESE — Promèteo

DE CAVALIERI — Rappresentazione di Anima e Corpo

DELLO JOIO N. — The Ruby

DONIZETTI — Anna Bolena
Il Campanello
Don Pasquale
L'Elisir d'amore
La Favorita
La Figlia del reggimento
Lucia di Lammermoor
Poliuto
Rita

DUNI — L'Isola dei pazzi

FALLA (Halffter) — Atlàntida

FERRARI-TRECATE — Le Astuzie di Bertoldo
Buricchio
Ghirlino
L'Orso re

FUGA — Otto Schnaff

GALUPPI — Il Filosofo di campagna

GHEDINI — Le Baccanti
L'Ipocrita felice
La Pulce d'oro

GIANNINI — Beauty and the Beast

GLUCK — Alceste
Orfeo ed Euridice

GNECCHI — Virtù d'amore

GOUNOD — Faust

HAENDEL — Il Messia

HAZON — Agenzia matrimoniale

JOMMELLI — L'Uccellatrice

LUALDI — In Festivitate Sanctae Trinitatis
La Figlia del Re

MALIPIERO G. F. — L'Allegra Brigata
Ave Phoebe, dum queror
Capitan Spavento
Don Giovanni
Donna Urraca
La Favola del figlio cambiato
Il Figliuol prodigo
Mondi celesti e infernali
La Passione
Rappresentazione e festa di Carnasciale
  e della Quaresima
Torneo notturno
Venere prigioniera

MARTUCCI — La Canzone dei ricordi

MASCAGNI — Iris

MENOTTI — Amelia al ballo
Il Ladro e la zitella
L'Unicorno, la Gorgona e la Manticora

MILHAUD — La Mère coupable

MONTEMEZZI — L'Amore dei tre re

MONTEVERDI — L'Incoronazione di Poppea

MORTARI — Il Contratto
La Figlia del diavolo

MOZART — Bastiano e Bastiana
Così fan tutte
Don Giovanni
La Finta semplice
Il Flauto magico
Le Nozze di Figaro

NAPOLI J. — Miseria e nobiltà

PAISIELLO — Il Barbiere di Siviglia
Don Chisciotte della Mancia

PANIZZA — Aurora

PANNAIN — Madame Bovary

PERGOLESI *La Serva padrona*
Stabat Mater

PEROSI *Il Natale del Redentore*
La Passione di Cristo secondo San Marco
La Risurrezione di Cristo
Transitus animae

PERSICO *La Bisbetica domata*
La Locandiera

PETRASSI *Magnificat*
Salmo IX

PICK-MANGIAGALLI *Basi e bote*

PIZZETTI *Assassinio nella Cattedrale*
Il Calzare d'argento
Clitennestra
Dèbora e Jaéle
La Figlia di Iorio
Fra Gherardo
L'Oro
Lo Straniero

PONCHIELLI *La Gioconda*

POULENC *Dialoghi delle Carmelitane*
La Voce umana

PUCCINI *La Bohème*
Edgar
La Fanciulla del West
Gianni Schicchi
Madama Butterfly
Manon Lescaut
Suor Angelica
Il Tabarro
Tosca
Turandot
Le Villi

REFICE *Cecilia*
Trittico francescano

RESPIGHI *La Fiamma*
Lauda per la Natività del Signore
Lucrezia
Maria Egiziaca
Il Tramonto

RIVIÈRE *Pour un Don Quichotte*

ROCCA *Il Dibuk*
In Terra di leggenda
Monte Ivnòr
La Morte di Frine
I Proverbi di Salomone
Schizzi fracescani
L'Uragano

ROSSELLINI *Le Campane*
La Guerra
La Leggenda del Ritorno
Il Linguaggio dei fiori
Uno Sguardo dal ponte
Il Vortice

ROSSINI *L'Assedio di Corinto*
Il Barbiere di Siviglia
La Cambiale di matrimonio
La Cenerentola
Il Conte Ory
Guglielmo Tell
L'Italiana in Algeri
Messa solenne
Il Signor Bruschino
Stabat Mater

ROTA *Il Cappello di paglia di Firenze*
La Notte di un nevrastenico

SAUGUET *Les Caprices de Marianne*

SCUDERI *Donata*

SPONTINI *La Vestale*

TANSMAN *L'Usignolo di Boboli*

TESTI *L'Albergo dei poveri*
La Celestina
Il Furore di Oreste
Stabat Mater

TOSATTI *Il Giudizio universale*
Partita a pugni
Il Sistema della dolcezza

TURCHI *Il Buon soldato Svejk*

VERDI *Aida*
Alzira
Aroldo
Attila
Un Ballo in maschera
La Battaglia di Legnano
Il Corsaro
Don Carlo (in 4 atti)
Don Carlo (in 5 atti)
I Due Foscari
Ernani
Falstaff
Il Finto Stanislao
La Forza del destino
Giovanna d'Arco
I Lombardi
Luisa Miller
Macbeth
I Masnadieri
Messa di Requiem
Nabucco
Oberto Conte di S. Bonifacio
Otello
Rigoletto
Simon Boccanegra
Te Deum
La Traviata
Il Trovatore
I Vespri siciliani

VERETTI *Burlesca*
Una Favola di Andersen
I Sette peccati

VIOZZI *Allamistakeo*
Un Intervento notturno
Il Sasso pagano

VITTADINI *Fiammetta e l'avaro*

VIVALDI *Gloria (Casella)*
Magnificat (Malipiero)

VOGEL *Alla memoria di G. B. Pergolesi*
Meditazione sulla maschera di Modigliani
Thyl Claes
Wagadù

WAGNER *Il Crepuscolo degli Dei*
Lohengrin
I Maestri cantori di Norimberga
L'Oro del Reno
Parsifal
Sigfrido
Tannhäuser
Tristano e Isotta
La Walkiria

WOLF-FERRARI *Il Campiello*

ZAFRED *Amleto*
Wallenstein

ZANDONAI *I Cavalieri di Ekebù*
Conchita
Francesca da Rimini
Giulietta e Romeo